JN409941

16

이명우 열일곱 번째 시집

산골풍경 16

초판인쇄 2023년 1월 25일
초판발행 2023년 2월 1일

지은이_ 이명우
발행인_ 이현자
발행처_ 도서출판 현자

등 록_ 제 2-1884호 (1994.12.26)
주 소_ (우)04550 서울시 중구 수표로 50-1(을지로3가, 4층)
전 화_ (02) 2278-4239
팩 스_ (02) 2278-4286
E-mail_001hyunja@hanmail.net

값 11,000원

ISBN 978-89-94820-84-2 03810

산골 풍경 16

이명우 열일곱 번째 시집

도서출판 **현자**

자서自序

세상 소풍 그 너머
마음 소풍 길을 가고 있다
마음속에는
하늘도 들어 있고
땅도 들어 있고
천국도 들어 있고
지옥도 들어 있고
꿈도 들어 있고
신도 들어 있다

이 광활한
마음의 우주 풍경

차례

차례

16

산골풍경 1,201

산할아버지가 탄식을 하신다
우리 역사 요하문명 1만 년
동북3성을 중국이 빼앗아 가고
백두산도 장백산으로 바뀌고 있고
동해가 일본해로 바뀌고 있고
우리 역사가 사라지고 있다
우리 뿌리가 썩어가잖아
이것은 그들의 잘못이 아니야
우리 잘못이야
중국·일본의 무서운 정신 침략에
세뇌 당한 우리 정신 좀 보아 우리가
단군할아버지를 몰아내고 있잖아
동방예의지국이
동방 자살지국이 되었잖아
우째다가 이렇게 무너졌는고
산할아버지의 탄식에
하늘이 캄캄해진다

산골풍경 1,202

밤새 내린 하얀 눈이
소복소복 쌓인 산골

그 누구도 건드리지 않은
하얀 첫 순정에

발자국 도장을 찍고 가는
뽀드득뽀드득 굳은 맹세 그 약속

산골풍경 1,203

별들의 백일장 대회
하늘 광장으로 가자

별들이 흩어져서
시를 짓고 있는 본부석
심사위원장님을 뵙습니다
아
아
우리 할아버지
세종대왕님이 앉아계시네요
하늘나라 백일장 심사위원장
세종대왕님
아
아
나는 나는
탄복 탄복 또 탄복

산골풍경 1,204

캄캄한 그믐밤입니다

하늘 가슴이
떨리는 소리

달과 태양이
만나는 이 밤

하늘 가슴이
떨리는 소리는

그들이 속삭이는
비밀입니다

산골풍경 1,205

추억의 강이
9만 리를
휘돌아나가고
그리움이
바위가 되어
1천 리로 솟아 있는
여기가
내 마음의 명승지
3번입니다

산골풍경 1,206

가을 단풍이
유난히 붉은 오늘은
추억들이
너럭바위에 모여 앉아
저희들끼리
호들갑을 떨고 있다

산골풍경 1,207

세월의 톱날
하나가 스치면
인생 하나가 사라진다

사라진 친구의
영정 앞에서
솟구치는 눈물은
추억의 골짜기로 흘러가고
이별의 아픔은
송곳이 되어
등뼈 깊숙이 꽂히고 있다

산골풍경 1,208

오늘 아침 저승 신문에
특종 기사가 실렸습니다

요즘 사람들 머리가 좋아
죽는 날까지 잡으러 가도
잡히지를 않아서 송장이 없어
배가 고픈 귀신들이
특별 요리 개발에 성공
육식에서 채식으로 전향
저승에서도 식사혁명이 일어났다는
저승신문 1면 전용
기사를 보고 있습니다

산골풍경 1,209

나를 태운 바람아
오늘은 공덕산으로 소풍 가자
어릴 적에 예 왔을 땐
아무도 없었는데
오늘 여기에는 신들이 모여 살고 있네

이 집은 신령님 집
저 집은 삼신할매 집
이 집은 용왕님네 집
저 집은 염라대왕님 집
이 집은 부처님네 집
저 집은 하느님의 집

그런데 하- 이상타

우리 민족 조상님
단군할아버지 집은 왜 없는고
지 애비도 몰라보는

이 나라 후손들이 쫓아내었지
우째다가 이 나라가 이렇게
막돼먹었는고

산골풍경 1,210

임자 없는 그리움이
이 산골 7부 능선에
모여 앉아
갈 곳이 없네
주인이 없네

하소연하고
푸념하더니
응어리가 굳었는가
돌이 되네 차곡차곡
돌서덜로 널브러져 있네

산골풍경 1,211

무지개 사연으로
기둥을 세우고
꿈꾸던 추억으로
지붕을 올려
그날 그 자리에 세운

하얀 집은

내가 들어가면
대궐이 되고
내가 나가면
폐가가 된다

내 소중한 이 집은
내 역사에 등재된
1호 문화재입니다

산골풍경 1,212

내 운명의 강 위에
놓여 있는 구름다리는
내 인생 속으로 가는
고속도로입니다

멈춤 없이 달려가며
바라보는 인생 풍경

유년세계가 지나가고
청년세계가 지나가고
장년세계가 지나가고
노년세계를 달리고 있습니다

내일의 세계는 저만치 아련하고
어제의 세계는 저만치 희미하네요

산골풍경 1,213

하늘은 만년 달력
별들은 숫자

숫자를 보며
산은 계절을 알고
새들은 날짜를 알고
바다는 시간을 안다

그래서
산은 제때에 푸르고
철새는 제 날짜에 날아오고
바다는 제 시간에 밀려온다

이렇게
세상은 하늘달력을 보며 사는데
인간들만 무지해 하늘 숫자를 모른다

산골풍경 1,214

산새 둥지를 보고 있다

얼마나 귀여우면
얼마나 사랑스러우면
자식의 똥을
입으로 받아내나요

이런 것이 사랑인 것을
이런 것이 천륜인 것을

아침 신문에
아기를 낳아 보자기에 싸서 버린
기사가
내 눈을 송곳으로 찌르고 있다

산골풍경 1,215

강물을 본다

막히면 참았다 가고
걸리면 돌아가는 너

불평도 안하는 너
불만도 안하는 너

강물만 그리 사는 줄 알았더니
바람 너도 그리 사는구나

산골풍경 1,216

이상해라
세상이 왜 이래

가짜가 판을 치고
거짓이 승리하고
가해자가 상을 타고

거참 이상하다

세상이 왜 이래
세상이 왜 이래

산골풍경 1,217

누군가가
여행은 이런 거야
이렇게 말하네

차를 타고 가며
배를 타고 가며
비행기를 타고 가며
세상 풍경 보는 거라고

그런데
그게 여행이 아니야

글자 속에도 들어가 보고
소리 속에도 들어가 보고
향기 속에도 들어가 보고

이것이 여행이야
이것이 소풍이야

산골풍경 1,218

하늘이 숨겨놓은
비밀찾기
엄청 재미있어요

구름 속에 살고 있는
고기도 찾았고요

바위 속에 잠을 자는
귀신도 찾았고요

꽃잎 속에 돌아가는
공장도 찾았어요

산골풍경 1,219

혼자 울지 못하는 나무는
비를 불러서 온몸으로 울고

혼자 춤추지 못하는 나무는
바람을 불러서 춤을 추고

혼자 노래를 못하는 나무는
매미를 불러서 노래를 부른다

세상에서 세상에서
혼자 사는 게 어디 있으랴

바위도 땅이 있어야
자리 잡고 살고

태양도 하늘이 있어야
날아가는 것을

산골풍경 1,220

산새 둥지 안에는
천국이 모여 살고 있고

민주주의 둥지 안에는
자유가 모여 살고 있고

공산주의 둥지 안에는
독재가 혼자 살고 있다

산골풍경 1,221

당신의 이름도 못 쓰는 어머니

그런데
삼신할매 공부는 어디 가서 배웠나요

어미 회초리는 맞고 살아도
삼신할매 회초리는 맞고 살지 말거래이

어미 귀여움은 안 받고 살드래도
삼신할매 귀여운은 받고 살그래이

어미 가르침은 안 받고 살드래도
삼신할매 가르침은 받고 살그래이

그 삼신할매가
부처님이고 하느님이고 염라대왕이데이

산골풍경 1,222

우르르 쾅쾅
천둥소리는
삐뚤게 살지 말라는
하늘의 호령입니다

번쩍번쩍 치는 번개는
인간들의 죄를 모아 태우는
소각입니다

장대 같이 쏟아지는
소나기는
미워도 인간에게 내리는
선물입니다

산골풍경 1,223

하늘이 시끌벅적하기에
원두막에 올라와 쳐다보니
하늘운동회
애드벌룬이 보이고
마이크소리도 들린다

별나라 선수 입장
달나라 선수 입장
구름나라 저승나라
바람나라 신선나라
꿈나라 도깨비나라
신령나라 용왕나라
나라 나라 나라 나라들
입장 소개가 나오고
그 나라들 애국가도 흐른다

산골풍경 1,224

논밭 갈고
나무도 해 오던
우리 집 황소가
팔려가던 날 아침
어머니도 따라 우셨어요

그런데 이 밤
아련히 보이는 달나라
푸른 풀밭 초원에서
울며 끌려간
우리집 황소가
달나라 풀밭에서 뛰어놀고 있어요

그래
그래
착하게 살고 좋은 일만 했었는데
이런 축복 받았구나
오래 오래 살거라

산골풍경 1,225

오늘 소풍
달나라 초등학교입니다

아
이럴 수가
풍금을 치고 있는 저 여선생님
초등학교 우리 여선생님이네요
그때 그 모습 그대로시네요

나는 선생님을 알고 있는데
선생님은 나를 몰라보네요

산골풍경 1,226

북극성 나라에서 수여하는
올해의 하늘문학상에
우리 마을 뒷산
공덕산 신령님이
수상하신다네요

이 산골이 난리가 났습니다
우주문학상 수상이라니
야단법석이 났습니다

산골풍경 1,227

꽃망울 하나를
톡
터뜨립니다

방긋 웃는
사연 하나
인사를 하곤
나비가 되어
포르르 날아가네요

산골풍경 1,228

행복실로 짠 바구니에
불행을 담았더니 행복이 되네요

눈물실로 짠 바구니에
웃음을 담았더니 눈물이 되고요

그대 실로 짠 바구니에
나를 담았더니 내가 그대가 되었어요

산골풍경 1,229

운명은
운명은

타고난 것이 아니야
정해진 것도 아니야

자신의 운명은
자신이 만든 작품일 뿐이야

자신 작품에
충실한 건 의무이고
게으른 건 직무유기야

이것도 자신이 만든
자신의 작품일 뿐이야

산골풍경 1,230

잠자리를 잡았는데
잡고 보니 도깨비네
아기도깨비

말을 가르친다
글도 가르친다
춤도 가르친다
노래도 가르친다

귀여워라
귀여워라
식구 하나 늘었네

산골풍경 1,231

회기 본능인가
그리움의 꽃인가

스쳐간 추억은
별이 되어 돌아오고

헤어진 이별은
구름 되어 찾아오고

떠나간 노래는
메아리로 돌아오네

산골풍경 1,232

목표 없이 가고 있나요

길이 막히고
해는 지고
찬바람이 불지요

목표 따라 가고 있나요

길이 열리고
해는 떠오르고
순풍이 불지요

산골풍경 1,233

홀로 가면서
춤추는 구름

혼자 가면서
노래하는 냇물

혼자 가면서
웃고 있는 반달

혼자 가면서
무서워하는 나

구름아 냇물아 반달아
너는 우째 혼자서도
그리 잘 사는고

산골풍경 1,234

남자라는 나무에
여자라는 꽃이 피고

여자라는 나무에
남자라는 열매가 익는 곳

이게 가정이야
이게 천국이야

산골풍경 1,235

구름의 입술에
찬바람이 녹아
따뜻하게 불어오는 아침

태양도 마음이 설레는가
오늘 따라
화장이 짙네

버들강아지가
젖꼭지를 내보인다

까닭 없이 울렁이는
이 가슴

산골풍경 1,236

이 지구를 다 팔아도
살 수 없는 보석 하나 있습니다

그 보석이 내 몸입니다

산골풍경 1,237

산천에 흩어지는
절절한 그 목소리

누구를 부르는 이름인가
푸드덩 날아가며 외치는
수꿩의 목이 터질 것만 같다

구름 한 송이가 껄껄 웃으며
수꿩 따라 산을 넘어가고 있다

산골풍경 1,238

창문 밖 살구나무에
둥지 하나가 보인다

까치집인가 하고 쳐다보니
까치집이 아니네요

그리움이 살고 있는
그리움의 둥지네요

그래서 그리움이
시도 때도 없이
내 방을 들락날락하는구나

산골풍경 1,239

참으로 이상타

육체의 얼굴은
아침마다 세수를 하고
시간 시간이 화장을 하지만

마음의 얼굴은
평생 세수 한번 안 하고
시간 시간이 화장을 하는 이가
보이지 않는다

그래서 삐걱거리는 세상
내 마음을 들여다보니 얼룩이가
한 삼천 개쯤 보인다

산골풍경 1,240

내 인생의 바다에
그리움이 파도를 친다

파도 끝에 부서지는
하얀 사연의 포말
그 위에
사랑의 갈매기가
추억의 고기를 잡아먹고 있다

산골풍경 1,241

나는 왜 아직도
철부지 아이인가

일 년에 열 살 백 살도 먹는
사람이 있고

십 년에 한 살 백 년에 한 살도 못 먹는
마이너스 사람도 있다

공자 예수 석가 같은 이는
일 년에 천 살 만 살도 먹었는데
나는 이제 겨우
미운 일곱 살이나 될랑가

염치도 모르고 겸손도 모른 채
앞니는 빠져 있다
그래도 마이너스 인간은 아니제 하고
자화자찬을 해본다

산골풍경 1,242

추억의 물레를 돌린다

실실이 풀려나오는
내 사연의 실타래
하루 종일 풀려나와도
끝이 없다

내 인생의 사연이
저리 깊은 바다였나
오래도 살았구나

산골풍경 1,243

찰랑 찰랑
별들이 넘치는
산골의 밤하늘

그 별 중 하나가
밤마다 이 산골 원두막에 내려와
혼자 놀다가 올라간다

무슨 사연인가

이 산골이 고향이라 하네
여기에서 태어났다 하네
그래서 밤마다
고향 찾아온다 하네

산골풍경 1,244

낮이면
저 너럭바위에
곡식 한 봉지를 풀어놓네

온 산에 새들이 날아와
조잘조잘 쪼아 먹으며
놀고 있네
나도 같이 조잘대며 놀고 있네

밤이면
저 너럭바위에
꿈 한 봉지를 풀어놓네

온 하늘에 별들이 날아와
조잘조잘 쪼아 먹으며
놀고 있네
나도 같이 조잘대며 놀고 있네

산골풍경 1,245

지금 하고 있는 일이
재미있나요
그러면 당신은 행운을
만난겁니다

지금 하고 있는 일이
즐거운가요
그러면 당신은 행복을
만난겁니다

지금 하고 있는 일에
미쳐있나요
그러면 당신은 천국을
만난겁니다

산골풍경 1,246

지난여름에
쩌렁쩌렁 울리던
천둥소리를 심었더니
이 봄에 쏘옥
음악이 솟아올라 오네요

산골풍경 1,247

번갯불이 구름에 닿아
번쩍하고 터지기 전에
매미채를 휘둘러
낚아채보셔요

말캉하고 따뜻한
번갯불이
홍시와 같습니다

상추를 뜯어서
쌈 싸먹어 보셔요
신이 감추어 둔
맛 하나를 알게 됩니다

산골풍경 1,248

개울물이 휘도는
고향 빨래터

앞집 누나
뒷집 누나
우리 누나 목소리

그날 그 자리에
새가 되어
이 개울에 살고 있네

산골풍경 1,249

산골 국수집입니다

별빛을 반죽해
압축기에 넣어
뽑아낸 국수

달빛국수도 그렇게
햇빛국수도 그렇게
산골국수 메뉴입니다

나도 따라
별빛국수 한 그릇 배를 불리고
흥얼흥얼
콧노래를 부르고 있습니다

산골풍경 1,250

이 산골 연못에
아침이 되면
시끌벅적 놀던 별들이
다 날아올라 가는데

오늘 아침 별 하나가
배탈이 났다며 나뒹굴고 있다

외할머니 약손처럼
내 손이 약손이다
별의 배를 쓸고 있는데
정말 약손이었나

배가 나았어요
벌떡 일어나는 별
할아버지 고맙습니다
인사하고 날아올라 가는 별

산골풍경 1,251

수많은 소리들이
주소를 적어들고
이 산골 위를
뛰어 오고 가고

그중에서
나를 찾아오는 소리 하나
꿈속에서 만나던
그 사람 목소리

산골풍경 1,252

아
이젠 눈도 흐려서
글자도 헷갈리나 봐
천국 가는 길
이정표를 보고 왔는데
덜컹 열리는
대문을 들어서니
천국이 아니고 지옥엘 왔네
허허
스스로 찾아온 길
누구를 원망해

산골풍경 1,253

그 사람
못 보고

큰 고개 바위 앞에서
돌리는 발길

저 산도
가슴이 타는가
안개 연기가
올라오네

산골풍경 1,254

아무도
아무도

나를 건드리지 말아요

건드리기만 하면 나는
터지는 남자이니까요

나비야
너도 나를 스치지 말고

바람아
너도 나를 스치지 말고

구름아
너도 나를 스치지 말거래이-

산골풍경 1,255

사연의 꽃밭에
날아오는 나비야

봄바람은 부는데
꽃이 없어 어떻해

산골풍경 1,256

나의 그리움과
너의 그리움이

나도 모르게
너도 모르게

보리밭에 숨어서
손가락을 걸고 있네

산골풍경 1,257

시의 바구니에
언어도 줍고
사연도 주울 때는
재미있었어요

시의 바구니에
별도 줍고
달도 주울 때는
즐거웠어요

시의 바구니에
천국도 줍고
지옥도 줍는 지금은
미치고 있습니다

산골풍경 1,258

오늘이 그날인가
잊지 못할 눈웃음이
일곱 가지 꿈으로
옷을 접어 입고
이 아침 무지개로
떠오른 첫사랑

아직도 부끄러운가
눈 맞춤하고는
말 한 마디 못하고
사라지는 무지개

산골풍경 1,259

아이들은
벌레가 무섭다 하고

어른들은
호랑이가 무섭다지만

나는
세뇌된 사람을 무서워한다

산골풍경 1,260

귀신도 사랑에는
죽고 살고 하는가

실연당한 귀신 하나
유서 한 장 남겨 놓고

당산나뭇가지 끝에
목매달아 죽었네

산골풍경 1,261

참으로 희안타
참으로 희안타

등어리 긁어주는
대나무 효자손아
너는 우째
하많은 사람 중에
나와 인연을 맺었는가

어디든지 나를 태우고
가고 오는 신발아
너도 우째
하많은 사람 중에
나와 인연을 맺었는고

언제나 나랑 같이
붙어사는 아내야

너도 우째
하많은 사람 중에
나랑 인연을 맺었는고

산골풍경 1,262

하늘에 못을 박고
하늘그네를 맨다

앞으로 날아가는데 3년
뒤로 날아가는데 3년

앞으로 날아가면
달도 보이고 별도 보이고
뒤로 날아가면
천국도 보이고 지옥도 보이고

산골풍경 1,263

봄이면 찾아오는
사연 하나가 있습니다

그 사연을 주워서
하늘가에 심었더니

이 가을에 하늘꽃이
곱게 피어 웃고 있네

산골풍경 1,264

별들의 수다가
폭포로 쏟아지는 밤

별들도 사람인가

폭포 아래에 있으니
귀가 간지럽다

산골풍경 1,265

돈도 있었는데

키도 훤칠했는데

마누라도 예뻤는데

그 사람이 자살을 했다네

짐승은 자살을 모르고 살고 있고
나무도 자살을 모르고 살고 있고
곤충도 자살을 모르고 살고 있는데

인간만 왜 왜

사기를 치며 살고
범죄를 저지르며 살고
자살을 그리워하며 사는고

만물의 영장이 아니야
만물의 하수인이라서 그렇지

산골풍경 1,266

밤에
피고 지는 꽃은
사랑 꽃이고

낮에
피고 지는 꽃은
인연 꽃이고

밤낮없이
피고 지는 꽃은
그리움의 꽃입니다

산골풍경 1,267

치마저고리
곱게 차려 입고
동산 위에 서서
나만 내려다보며
웃고 있는 저 달

이 세상
하많은 남자들
다 놔두고
왜 하필
이 산골 나를 찾아와
눈웃음치고 있는고

아
나는 아직도
숫총각인가
두 팔 벌려 안아주지 못하고
얼굴만 붉히고 있다

산골풍경 1,268

친구야
잠이 안 와
생짜증이 나고
미치겠다고 했지

노래를 들어도 안되고
약을 먹어도 안된다 했지

그때는 말야
오성대감의 시 한 줄만 외워야

아름다운 여인의 치마끈 푸는 소리
아름다운 여인의 치마끈 푸는 소리
외우고 외우고 또 외우다 보면
어느새 빙그레 웃으며 잠들어 있지

산골풍경 1,269

누구의 지휘를 따라
나뭇잎은 춤을 추고

누구의 악보를 보고
도랑물은 노래를 부르고

누구의 신명에 끌려
솔바람은 장단을 치는고

나는 또 누구 때문에
어깨를 들썩이는고

알아서 무얼 해
이렇게 살면 되지

산골풍경 1,270

그리움을 심었더니
사랑꽃이 피고

의리를 심었더니
친구꽃이 피고

사연을 심었더니
인생꽃이 피었네

산골풍경 1,271

염라대왕 가슴에도 순정이 있나요
세 살 적*에 죽은 나를
다시 살려 주신 대왕님

그날부터 덤으로 살고 있는 나

잘한 것도 없는데
잘 산 것도 아닌데

아직도 이렇게 숨을 쉬네요

염라대왕님 고맙습니다
두 손 모읍니다

* 세 살 적, 아버지는 병에 걸린 나를 업고 의원을 찾아 산을 넘다가 잠시 쉬면서 내 몸을 만져보셨다고 한다. 그때 내가 완전히 죽었음을 확인하시고 파묻고 가자면서 막대기로 선낭골 능선에 땅을 파기 시작했다. 어머니는 그럴수 없다면서 세수시키고 옷 갈아 입히고 거적이라도 싸서 묻자며 죽은 나를 데리고 집으로 돌아오셨다 한다. 집에 도착해 나를 다시 만져보니 불알이 따뜻해져 있었고 다시 살아났다.

산골풍경 1,272

38선 위에는
독재의 공산국가
38선 아래는
자유의 민주국가

독재가 무엇인지
자유가 무엇인지

구린내가 무엇인지
향기가 무엇인지

구분을 못하는 이 나라
반반으로 갈린 이 나라

반은 태극기 반은 촛불
세뇌는 이렇게 무서워라

산골풍경 1,273

사람들은
태어날 때부터
마음의 저울을 가지고 있다

그 저울로
자신의 운명도 찾고
친구도 찾고
반려자도 찾는다

잠자리에 들면
오늘 만난 사람들을
저울 위에 올려놓고
쳐내버릴 사람
반길 사람
모실 사람 정리를 하고 눈을 감는다

산골풍경 1,274

캄캄한 밤에만
피는 꽃이 있습니다

아무도 못 보는
나 혼자만 보는 꽃이 있습니다

당신도 밤하늘을 쳐다보셔요
당신 혼자만 보는 꽃이 있지요

이것이 서로의 비밀입니다

산골풍경 1,275

딸아이 꿈은 날아가
초승달로 떠 있고

아내의 꿈은 날아가
보름달로 떠 있고

나의 꿈은 날아가
샛별로 떠 있습니다

산골풍경 1,276

서울에 가면
지지리도 못난 놈
책 7천 권을 찍으면 무엇해
서점에서 한 권도 안 팔린 걸

숲속에 가면
꽃들이 그러네
짐승들이 그러네

왕자님 왕자님
우리 왕자님
손뼉치고 노래하고 춤도 추고요

그래그래
나는 나는
산골서만 살 줄 아는 산골사람

산골풍경 1,277

잘 있어요
손 흔들며
떠나가신 님

길고 짧은
그 세월에
정이 깊었는가

아픔이 부서져
눈물 되어
쏟아지네

산골풍경 1,278

이 산골
봄 축제를 보셨나요

나무들이 거꾸로 서서
춤을 추고요

바위들이 젖통을 흔들며
하모니카를 불고요

도깨비들이 무지개로
줄넘기를 하고요

도랑물이 목청을 높여
민요도 부르고요

구름들이 술에 취해
산이마에 드러눕는

이 산골 봄축제는
이렇습니다

산골풍경 1,279

하늘로 보이던 부모가
이제는 돈으로 보이고
사촌으로 보이던 이웃이
이제는 적으로 보이고

스승으로 보이던 어른이
이제는 바보로 보이는가

돈 때문에
아버지를 죽이고
훈계 때문에 어른을 죽이고
소음 때문에 이웃을 죽인다

어디서부터
잘못 꼬였나
허허 허허

산골풍경 1,280

내 인생 열차에
타고 내린 손님 한 분

이 밤 하늘가에
꽃으로 피어있습니다

산골풍경 1,281

구름을
홍두깨에 감아 밀면
칼국수가 되고

사연을
쪼개 세우면
음악이 되고

추억을
구워 말리면
바람이 된다

산골풍경 1,282

저 구름은 오늘
어떻게 살았길래
저렇게 아름다운
저녁노을로 익었는고

저 단풍은 올해
어떻게 살았길래
저렇게 아름답게
눈부시게 고운고

나는 이 한 세상을
어떻게 살았길래
이렇게 쓴웃음만
뚝뚝 흘리고 있는고

산골풍경 1,283

꽃송이 속으로 들어가
또 한 고개 지나서
나무속으로 들어간다

저 공장들 좀 보아

향기를 만드는 공장
꿀을 만드는 공장
색깔을 만드는 공장
씨앗을 만드는 공장
껍질을 만드는 공장들

이 거대한 풍경에
벌린 입을 못 다물고 있다

산골풍경 1,284

이 무슨 소린고

스러럭 스러럭
옷고름 푸는 소리

진달래 계집애가
옷을 홀랑 벗었네

저런 저런

개나리도 옷을 벗고
목련도 옷을 벗고

요염한 자태
앙큼한 유혹

어찌 할 줄 모르다가
눈을 딱 감는 나

산골풍경 1,285

초하룻밤
이 산골 원두막에는
반딧불이 놀러와
그림을 그리다가 가고

보름밤
이 산골 원두막에는
소쩍새가 놀러와
시 한 수를 읊고 가고

그믐밤
이 산골 원두막에는
저승 친구가 놀러와
바둑 한 판을 두고 간다

산골풍경 1,286

코로나에 무릎을 꿇고
밖에도 못나가고
마스크로 입을 막고 살아야 하는
이 무서운 형벌이여

더 무서운 형벌이 있습니다
자신도 죽는 줄을 모르고
핵단추를 만지작거리는
멍충이를 바라보며 사는
코로나보다 무서운 형벌이여

산골풍경 1,287

언어를 접어 날리면
나비가 되어 돌아오고

추억을 접어 날리면
그리움이 되어 돌아오고

향기를 접어 날리면
입술이 되어 돌아온다

산골풍경 1,288

인생은 시 한 편이야
당신도 시 한 편이야
나도 시 한 편이야

자연도 시 한 편이야
세상도 시 한 편이야
우주도 시 한 편이야

산골풍경 1,289

가랑잎 속에는
소설이 들어있고

옹달샘 속에는
시가 들어있고

밤안개 속에는
예술이 들어있고

달빛 속에는
꿈이 들어있고

고요 속에는
신이 들어있다

산골풍경 1,290

함지박 가득 고인 빗물
낮이면 구름이 내려와
목욕하고 가고
밤이면 별들이 내려와
목욕하고 간다

쏟아버릴까 하다가
아니야
구름이 왔다가
실망하고 가고
별들이 왔다가
헛걸음치면 안 돼

쏟으려고 들었던
함지박을
다시 가만 내린다

산골풍경 1,291

산천에 핀 야생화는
우리 마을 아가들의 눈웃음이야

허공에 핀 노을 꽃은
선사시대 여인들의 입술이야

하늘에 핀 별꽃은
바둑을 두고 있는 신들의 꿈이야

산골풍경 1,292

떨어지는 저 꽃잎은
사라지는 게 아니냐
시집가는 것이야

떨어지는 빗방울은
사라지는 게 아니야
고향 찾아가는 것이야

떨어지는 목숨은
사라지는 게 아니야
새 세상으로 소풍가는 것이야

산골풍경 1,293

나무 한 그루를 보고 있다
보고보고 또 봐도
나무속이 안 보인다

간은 어디 있고
허파는 어디에 있는고
위장은 어디에 있고
두뇌는 어디에 있는고

보고보고 또 봐도
보이지 않는 나무여

산골풍경 1,294

하늘에는 시가 살고
땅에는 소설이 살고 있다

먼 지평선으로
한 몸이 된 하늘 땅

하늘은 땅을 먹고 살고
땅은 하늘을 먹고 산다

산골풍경 1,295

추억을 튕기면
천연색 꿈이 되고

그리움을 튕기면
고요한 호수가 되고

사랑을 튕기면
반반달이 된다

산골풍경 1,296

어린나무에 핀 꽃보다는
고목나무에 핀 꽃이
더 우아하여라

아침에 핀 꽃구름보다는
석양에 핀 꽃구름이
더 고와라

첫사랑의 설렘보다는
마지막 사랑의 가여움이
더 깊어라

산골풍경 1,297

별이 쏟아지는
산골하늘을 쳐다보셔요
은하 강이 보이지요

은하 강을 쳐다보셔요
배 한 척이 흘러가지요
나 혼자 타고 가는 나룻배입니다

작년에도 나 혼자 올해도 나 혼자
은하 강을 오르내리며
시의 낚시를 던집니다

산골풍경 1,298

이걸 우째야 해

왼눈은 밤이 좋다 하고
오른 눈은 낮이 좋다 하는 걸

손가락 하나
이쪽과 저쪽은 이렇게 반대인 걸

그래도 우째
한쪽 눈을 뽑을 순 없잖아
밤도 품어 안고
낮도 품어 안고
살아가야제

산골풍경 1,299

봄이 왔네
꽃이 피네

떡 잔치를 벌이자
산골떡을 만들자

눈물을 넣어라
웃음도 넣어라

추억도 넣고
이별도 넣고

바람까지 넣어라
구름까지 넣어라

이런 떡을 먹어 보셨나요

새들도 와서 먹고
짐승도 와서 먹고
바위도 와서 먹고
초승달도 와서 먹고

산골풍경 1,300

누가 접어서
보내주는 선물인고

내 얼굴에 내리는
하얀 첫눈은

얼굴로 받아보는
하얀 선물꽃

그런데 왜
눈물을 넣어 보냈나요

눈물 되어 흘러내리는
하얀 선물